If Lost, Please Return To:

Name:_____

Phone:_____

Email:_____

When I started counting my blessings,
my whole life turned around

-Willie Nelson

DEDICATION

This Gratitude Journal Log is dedicated to all the people out there who want to record their gratitude and document their findings in the process.

You are my inspiration for producing books and I'm honored to be a part of keeping all of your gratitude notes and records organized.

This journal notebook will help you record your details about your gratitude.

Thoughtfully put together with these sections to record:
Date, Time, Day, Best Moment Today, 3 Things I'm Grateful For Today, Someone I'm Thankful For, and Notes.

HOW TO USE THIS BOOK

The purpose of this book is to keep all of your Gratitude notes all in one place. It will help keep you organized.

This Gratitude Journal will allow you to accurately document every detail about your gratitude. It's a great way to chart your course through keeping track of your gratefulness.

Here are examples of the prompts for you to fill in and write about your experience in this book:

1. Day, Time & Date - Record the day, time, and date.

2. Best Moment Today - Write what the highlight of your day was.

3. Three Things I'm Grateful For Today - Log 3 things you are grateful for today.

4. Someone I'm Thankful For Today - Record someone who you're thankful for and why.

5. Notes - Write any other important details you would like to express such as your favorite inspirational quotes, inspirational thoughts, and feeling, blessings, ideas, prayers, thankfulness, etc.

Gratitude Journal

Date: Day:

Best Moment Today:

_____
_____
_____
_____

Things I'm Grateful For Today:

1. _____
2. _____
3. _____

Someone I'm Thankful For Today:

_____
because _____
_____

Notes:

Gratitude Journal

Date: _____ Day: _____

Best Moment Today:

_____
_____
_____
_____

Things I'm Grateful For Today:

1. _____
2. _____
3. _____

Someone I'm Thankful For Today:

_____

because _____

_____

Notes:

Gratitude Journal

Date: _____ Day: _____

Best Moment Today:

_____
_____
_____
_____

Things I'm Grateful For Today:

1. _____
2. _____
3. _____

Someone I'm Thankful For Today:

_____
because _____
_____

Notes:

Gratitude Journal

Date: _____   Day: _____

Best Moment Today:

_____
_____
_____
_____

Things I'm Grateful For Today:

1. _____
2. _____
3. _____

Someone I'm Thankful For Today:

_____

because _____

_____

Notes:

Gratitude Journal

Date: Day:

Best Moment Today:

_____
_____
_____
_____

Things I'm Grateful For Today:

1. _____
2. _____
3. _____

Someone I'm Thankful For Today:

_____
because _____
_____

Notes:

Gratitude Journal

Date: Day:

Best Moment Today:

_____
_____
_____
_____

Things I'm Grateful For Today:

1. _____
2. _____
3. _____

Someone I'm Thankful For Today:

_____
because _____
_____

Notes:

Gratitude Journal

Date: Day:

Best Moment Today:

_____
_____
_____
_____

Things I'm Grateful For Today:

1. _____
2. _____
3. _____

Someone I'm Thankful For Today:

_____

because _____
_____

Notes:

Gratitude Journal

Date: Day:

Best Moment Today:

_____
_____
_____
_____

Things I'm Grateful For Today:

1. _____
2. _____
3. _____

Someone I'm Thankful For Today:

_____
because _____
_____

Notes:

Gratitude Journal

Date: _____   Day: _____

Best Moment Today:

_____
_____
_____
_____

Things I'm Grateful For Today:

1. _____
2. _____
3. _____

Someone I'm Thankful For Today:

_____

because _____

_____

Notes:

Gratitude Journal

Date: Day:

Best Moment Today:

_____
_____
_____
_____

Things I'm Grateful For Today:

1. _____
2. _____
3. _____

Someone I'm Thankful For Today:

_____
because _____
_____

Notes:

Gratitude Journal

Date: _____ Day: _____

Best Moment Today:

_____
_____
_____
_____

Things I'm Grateful For Today:

1. _____
2. _____
3. _____

Someone I'm Thankful For Today:

_____
because _____
_____

Notes:

Gratitude Journal

Date: Day:

Best Moment Today:

_____
_____
_____
_____

Things I'm Grateful For Today:

1. _____
2. _____
3. _____

Someone I'm Thankful For Today:

_____

because _____

_____

Notes:

Gratitude Journal

Date: Day:

Best Moment Today:

_____
_____
_____
_____

Things I'm Grateful For Today:

1. _____
2. _____
3. _____

Someone I'm Thankful For Today:

_____

because _____

_____

Notes:

Gratitude Journal

Date: Day:

Best Moment Today:

_____
_____
_____
_____

Things I'm Grateful For Today:

1. _____
2. _____
3. _____

Someone I'm Thankful For Today:

_____
because _____
_____

Notes:

Gratitude Journal

Date: Day:

Best Moment Today:

_____
_____
_____
_____

Things I'm Grateful For Today:

1. _____
2. _____
3. _____

Someone I'm Thankful For Today:

_____
because _____
_____

Notes:

Gratitude Journal

Date: Day:

Best Moment Today:

_____
_____
_____
_____

Things I'm Grateful For Today:

1. _____
2. _____
3. _____

Someone I'm Thankful For Today:

_____
because _____
_____

Notes:

Gratitude Journal

Date: _____ Day: _____

Best Moment Today:

_____
_____
_____

Things I'm Grateful For Today:

1. _____
2. _____
3. _____

Someone I'm Thankful For Today:

_____

because _____

_____

Notes:

Gratitude Journal

Date: Day:

Best Moment Today:

_____
_____
_____
_____

Things I'm Grateful For Today:

1. _____
2. _____
3. _____

Someone I'm Thankful For Today:

_____
because _____
_____

Notes:

Gratitude Journal

Date: _____   Day: _____

Best Moment Today:
_____
_____
_____
_____

Things I'm Grateful For Today:
1. _____
2. _____
3. _____

Someone I'm Thankful For Today:
_____
because _____
_____

Notes:

Gratitude Journal

Date: _____ Day: _____

Best Moment Today:
_____
_____
_____
_____

Things I'm Grateful For Today:
1. _____
2. _____
3. _____

Someone I'm Thankful For Today:
_____
because _____
_____

Notes:

Gratitude Journal

Date: Day:

Best Moment Today:

_____
_____
_____
_____

Things I'm Grateful For Today:

1. _____
2. _____
3. _____

Someone I'm Thankful For Today:

_____

because _____

_____

Notes:

Gratitude Journal

Date: Day:

Best Moment Today:

_____
_____
_____
_____

Things I'm Grateful For Today:

1. _____
2. _____
3. _____

Someone I'm Thankful For Today:

_____
because _____
_____

Notes:

Gratitude Journal

Date: Day:

Best Moment Today:

_____
_____
_____
_____

Things I'm Grateful For Today:

1. _____
2. _____
3. _____

Someone I'm Thankful For Today:

_____
because _____
_____

Notes:

Gratitude Journal

Date: _____ Day: _____

Best Moment Today:

_____
_____
_____
_____

Things I'm Grateful For Today:

1. _____
2. _____
3. _____

Someone I'm Thankful For Today:

_____

because _____

_____

Notes:

Gratitude Journal

Date: _____ Day: _____

Best Moment Today:

_____
_____
_____
_____

Things I'm Grateful For Today:

1. _____
2. _____
3. _____

Someone I'm Thankful For Today:

_____

because _____
_____

Notes:

Gratitude Journal

Date: Day:

Best Moment Today:

_____
_____
_____
_____

Things I'm Grateful For Today:

1. _____
2. _____
3. _____

Someone I'm Thankful For Today:

_____

because _____

_____

Notes:

Gratitude Journal

Date: Day:

Best Moment Today:

_____
_____
_____
_____

Things I'm Grateful For Today:

1. _____
2. _____
3. _____

Someone I'm Thankful For Today:

_____
because _____
_____

Notes:

Gratitude Journal

Date: Day:

Best Moment Today:

_____
_____
_____
_____

Things I'm Grateful For Today:

1. _____
2. _____
3. _____

Someone I'm Thankful For Today:

_____
because _____
_____

Notes:

Gratitude Journal

Date: _____   Day: _____

Best Moment Today:

_____
_____
_____
_____

Things I'm Grateful For Today:

1. _____
2. _____
3. _____

Someone I'm Thankful For Today:

_____

because _____

_____

Notes:

Gratitude Journal

Date: Day:

Best Moment Today:

_____
_____
_____
_____

Things I'm Grateful For Today:

1. _____
2. _____
3. _____

Someone I'm Thankful For Today:

_____
because _____
_____

Notes:

Gratitude Journal

Date: Day:

Best Moment Today:

_____
_____
_____
_____

Things I'm Grateful For Today:

1. _____
2. _____
3. _____

Someone I'm Thankful For Today:

_____
because _____
_____

Notes:

Gratitude Journal

Date: _____ Day: _____

Best Moment Today:
_____
_____
_____
_____

Things I'm Grateful For Today:
1. _____
2. _____
3. _____

Someone I'm Thankful For Today:
_____
because _____
_____

Notes:

Gratitude Journal

Date: _____   Day: _____

Best Moment Today:

_____
_____
_____
_____

Things I'm Grateful For Today:

1. _____
2. _____
3. _____

Someone I'm Thankful For Today:

_____
because _____
_____

Notes:

Gratitude Journal

Date: _____   Day: _____

Best Moment Today:

_____
_____
_____
_____

Things I'm Grateful For Today:

1. _____
2. _____
3. _____

Someone I'm Thankful For Today:

_____

because _____

_____

Notes:

Gratitude Journal

Date: _____   Day: _____

Best Moment Today:

_____
_____
_____
_____

Things I'm Grateful For Today:

1. _____
2. _____
3. _____

Someone I'm Thankful For Today:

_____

because _____
_____

Notes:

Gratitude Journal

Date: Day:

Best Moment Today:

_____
_____
_____
_____

Things I'm Grateful For Today:

1. _____
2. _____
3. _____

Someone I'm Thankful For Today:

_____

because _____

_____

Notes:

Gratitude Journal

Date: Day:

Best Moment Today:

_____
_____
_____
_____

Things I'm Grateful For Today:

1. _____
2. _____
3. _____

Someone I'm Thankful For Today:

_____

because _____

_____

Notes:

Gratitude Journal

Date: Day:

Best Moment Today:

_____
_____
_____
_____

Things I'm Grateful For Today:

1. _____
2. _____
3. _____

Someone I'm Thankful For Today:

_____

because _____

_____

Notes:

Gratitude Journal

Date: Day:

Best Moment Today:

_____
_____
_____
_____

Things I'm Grateful For Today:

1._____
2._____
3._____

Someone I'm Thankful For Today:

_____
because _____
_____

Notes:

Gratitude Journal

Date: Day:

Best Moment Today:

_____
_____
_____
_____

Things I'm Grateful For Today:

1. _____
2. _____
3. _____

Someone I'm Thankful For Today:

_____
because _____
_____

Notes:

Gratitude Journal

Date: _____   Day: _____

Best Moment Today:

_____
_____
_____
_____

Things I'm Grateful For Today:

1. _____
2. _____
3. _____

Someone I'm Thankful For Today:

_____

because _____

_____

Notes:

Gratitude Journal

Date: _____   Day: _____

Best Moment Today:
_____
_____
_____
_____

Things I'm Grateful For Today:
1. _____
2. _____
3. _____

Someone I'm Thankful For Today:
_____
because _____
_____

Notes:

Gratitude Journal

Date: Day:

Best Moment Today:

_____
_____
_____
_____

Things I'm Grateful For Today:

1. _____
2. _____
3. _____

Someone I'm Thankful For Today:

_____

because _____

_____

Notes:

Gratitude Journal

Date: Day:

Best Moment Today:

_____
_____
_____
_____

Things I'm Grateful For Today:

1. _____
2. _____
3. _____

Someone I'm Thankful For Today:

_____
because _____
_____

Notes:

Gratitude Journal

Date: Day:

Best Moment Today:

_____
_____
_____
_____

Things I'm Grateful For Today:

1. _____
2. _____
3. _____

Someone I'm Thankful For Today:

_____
because _____
_____

Notes:

Gratitude Journal

Date: Day:

Best Moment Today:

_____
_____
_____
_____

Things I'm Grateful For Today:

1. _____
2. _____
3. _____

Someone I'm Thankful For Today:

_____
because _____
_____

Notes:

Gratitude Journal

Date: Day:

Best Moment Today:

_____
_____
_____
_____

Things I'm Grateful For Today:

1. _____
2. _____
3. _____

Someone I'm Thankful For Today:

_____
because _____
_____

Notes:

Gratitude Journal

Date: Day:

Best Moment Today:

_____
_____
_____
_____

Things I'm Grateful For Today:

1. _____
2. _____
3. _____

Someone I'm Thankful For Today:

_____
because _____
_____

Notes:

Gratitude Journal

Date: _____ Day: _____

Best Moment Today:

_____
_____
_____
_____

Things I'm Grateful For Today:

1. _____
2. _____
3. _____

Someone I'm Thankful For Today:

_____

because _____

_____

Notes:

Gratitude Journal

Date: _____   Day: _____

Best Moment Today:
_____
_____
_____
_____

Things I'm Grateful For Today:
1. _____
2. _____
3. _____

Someone I'm Thankful For Today:
_____
because _____
_____

Notes:

Gratitude Journal

Date: _____ Day: _____

Best Moment Today:

_____
_____
_____
_____

Things I'm Grateful For Today:

1. _____
2. _____
3. _____

Someone I'm Thankful For Today:

_____

because _____

_____

Notes:

Gratitude Journal

Date: _____ Day: _____

Best Moment Today:

_____
_____
_____
_____

Things I'm Grateful For Today:

1. _____
2. _____
3. _____

Someone I'm Thankful For Today:

_____

because _____

_____

Notes:

Gratitude Journal

Date: Day:

Best Moment Today:

_____
_____
_____
_____

Things I'm Grateful For Today:

1._____
2._____
3._____

Someone I'm Thankful For Today:

_____
because _____
_____

Notes:

Gratitude Journal

Date: Day:

Best Moment Today:

_____
_____
_____
_____

Things I'm Grateful For Today:

1. _____
2. _____
3. _____

Someone I'm Thankful For Today:

_____
because _____
_____

Notes:

Gratitude Journal

Date: _____ Day: _____

Best Moment Today:

_____
_____
_____
_____

Things I'm Grateful For Today:

1. _____
2. _____
3. _____

Someone I'm Thankful For Today:

_____
because _____
_____

Notes:

Gratitude Journal

Date: _____ Day: _____

Best Moment Today:

_____
_____
_____
_____

Things I'm Grateful For Today:

1. _____
2. _____
3. _____

Someone I'm Thankful For Today:

_____

because _____

_____

Notes:

Gratitude Journal

Date: Day:

Best Moment Today:

_____
_____
_____
_____

Things I'm Grateful For Today:

1. _____
2. _____
3. _____

Someone I'm Thankful For Today:

_____
because _____
_____

Notes:

Gratitude Journal

Date: Day:

Best Moment Today:

_____
_____
_____
_____

Things I'm Grateful For Today:

1. _____
2. _____
3. _____

Someone I'm Thankful For Today:

_____

because _____

_____

Notes:

Gratitude Journal

Date: _____   Day: _____

Best Moment Today:
_____
_____
_____
_____

Things I'm Grateful For Today:
1. _____
2. _____
3. _____

Someone I'm Thankful For Today:
_____
because _____
_____

Notes:

Gratitude Journal

Date: Day:

Best Moment Today:

_____
_____
_____
_____

Things I'm Grateful For Today:

1. _____
2. _____
3. _____

Someone I'm Thankful For Today:

_____
because _____
_____

Notes:

Gratitude Journal

Date: _____ Day: _____

Best Moment Today:

_____
_____
_____
_____

Things I'm Grateful For Today:

1. _____
2. _____
3. _____

Someone I'm Thankful For Today:

_____

because _____

_____

Notes:

Gratitude Journal

Date: _____ Day: _____

Best Moment Today:

_____
_____
_____
_____

Things I'm Grateful For Today:

1. _____
2. _____
3. _____

Someone I'm Thankful For Today:

_____

because _____

_____

Notes:

Gratitude Journal

Date: _____   Day: _____

Best Moment Today:

_____
_____
_____
_____

Things I'm Grateful For Today:

1. _____
2. _____
3. _____

Someone I'm Thankful For Today:

_____

because _____

_____

Notes:

Gratitude Journal

Date: Day:

Best Moment Today:

_____
_____
_____
_____

Things I'm Grateful For Today:

1. _____
2. _____
3. _____

Someone I'm Thankful For Today:

_____

because _____

_____

Notes:

Gratitude Journal

Date: _____ Day: _____

Best Moment Today:

_____
_____
_____
_____

Things I'm Grateful For Today:

1. _____
2. _____
3. _____

Someone I'm Thankful For Today:

_____

because _____
_____

Notes:

Gratitude Journal

Date: Day:

Best Moment Today:
_____
_____
_____
_____

Things I'm Grateful For Today:
1. _____
2. _____
3. _____

Someone I'm Thankful For Today:
_____
because _____
_____

Notes:

Gratitude Journal

Date: Day:

Best Moment Today:

_____
_____
_____
_____

Things I'm Grateful For Today:

1. _____
2. _____
3. _____

Someone I'm Thankful For Today:

_____
because _____
_____

Notes:

Gratitude Journal

Date: _____   Day: _____

Best Moment Today:

_____
_____
_____
_____

Things I'm Grateful For Today:

1. _____
2. _____
3. _____

Someone I'm Thankful For Today:

_____

because _____

_____

Notes:

Gratitude Journal

Date: _____ Day: _____

Best Moment Today:
_____
_____
_____
_____

Things I'm Grateful For Today:
1. _____
2. _____
3. _____

Someone I'm Thankful For Today:
_____
because _____
_____

Notes:

Gratitude Journal

Date: _____ Day: _____

Best Moment Today:

_____
_____
_____
_____

Things I'm Grateful For Today:

1. _____
2. _____
3. _____

Someone I'm Thankful For Today:

_____

because _____

_____

Notes:

Gratitude Journal

Date: Day:

Best Moment Today:

_____
_____
_____
_____

Things I'm Grateful For Today:

1. _____
2. _____
3. _____

Someone I'm Thankful For Today:

_____

because _____

_____

Notes:

Gratitude Journal

Date: _____ Day: _____

Best Moment Today:
_____
_____
_____
_____

Things I'm Grateful For Today:
1. _____
2. _____
3. _____

Someone I'm Thankful For Today:
_____
because _____
_____

Notes:

Gratitude Journal

Date: _____ Day: _____

Best Moment Today:

_____
_____
_____
_____

Things I'm Grateful For Today:

1. _____
2. _____
3. _____

Someone I'm Thankful For Today:

_____

because _____

_____

Notes:

Gratitude Journal

Date: Day:

Best Moment Today:

_____
_____
_____
_____

Things I'm Grateful For Today:

1. _____
2. _____
3. _____

Someone I'm Thankful For Today:

_____

because _____

_____

Notes:

Gratitude Journal

Date: _____ Day: _____

Best Moment Today:

_____
_____
_____
_____

Things I'm Grateful For Today:

1. _____
2. _____
3. _____

Someone I'm Thankful For Today:

_____
because _____
_____

Notes:

Gratitude Journal

Date: _____ Day: _____

Best Moment Today:

_____
_____
_____

Things I'm Grateful For Today:

1. _____
2. _____
3. _____

Someone I'm Thankful For Today:

_____
because _____
_____

Notes:

Gratitude Journal

Date: Day:

Best Moment Today:

_____
_____
_____
_____

Things I'm Grateful For Today:

1. _____
2. _____
3. _____

Someone I'm Thankful For Today:

_____
because _____
_____

Notes:

Gratitude Journal

Date: _____   Day: _____

Best Moment Today:

_____
_____
_____
_____

Things I'm Grateful For Today:

1. _____
2. _____
3. _____

Someone I'm Thankful For Today:

_____

because _____

_____

Notes:

Gratitude Journal

Date: Day:

Best Moment Today:

_____
_____
_____
_____

Things I'm Grateful For Today:

1. _____
2. _____
3. _____

Someone I'm Thankful For Today:

_____

because _____

_____

Notes:

Gratitude Journal

Date: _____ Day: _____

Best Moment Today:

_____
_____
_____
_____

Things I'm Grateful For Today:

1. _____
2. _____
3. _____

Someone I'm Thankful For Today:

_____

because _____

_____

Notes:

Gratitude Journal

Date: _____ Day: _____

Best Moment Today:

_____
_____
_____
_____

Things I'm Grateful For Today:

1. _____
2. _____
3. _____

Someone I'm Thankful For Today:

_____

because _____

_____

Notes:

Gratitude Journal

Date: _____   Day: _____

Best Moment Today:

_____
_____
_____
_____

Things I'm Grateful For Today:

1. _____
2. _____
3. _____

Someone I'm Thankful For Today:

_____

because _____

_____

Notes:

Gratitude Journal

Date: _____   Day: _____

Best Moment Today:

_____
_____
_____
_____

Things I'm Grateful For Today:

1. _____
2. _____
3. _____

Someone I'm Thankful For Today:

_____

because _____

_____

Notes:

Gratitude Journal

Date: Day:

Best Moment Today:

_____
_____
_____
_____

Things I'm Grateful For Today:

1. _____
2. _____
3. _____

Someone I'm Thankful For Today:

_____
because _____
_____

Notes:

Gratitude Journal

Date: _____ Day: _____

Best Moment Today:

_____
_____
_____
_____

Things I'm Grateful For Today:

1. _____
2. _____
3. _____

Someone I'm Thankful For Today:

_____

because _____

_____

Notes:

Gratitude Journal

Date: Day:

Best Moment Today:

_____
_____
_____
_____

Things I'm Grateful For Today:

1. _____
2. _____
3. _____

Someone I'm Thankful For Today:

_____
because _____
_____

Notes:

Gratitude Journal

Date: _____ Day: _____

Best Moment Today:

_____
_____
_____
_____

Things I'm Grateful For Today:

1. _____
2. _____
3. _____

Someone I'm Thankful For Today:

_____

because _____

_____

Notes:

Gratitude Journal

Date: Day:

Best Moment Today:

_____
_____
_____
_____

Things I'm Grateful For Today:

1. _____
2. _____
3. _____

Someone I'm Thankful For Today:

_____
because _____
_____

Notes:

Gratitude Journal

Date: _____ Day: _____

Best Moment Today:

_____
_____
_____
_____

Things I'm Grateful For Today:

1. _____
2. _____
3. _____

Someone I'm Thankful For Today:

_____
because _____
_____

Notes:

Gratitude Journal

Date: Day:

Best Moment Today:

_____
_____
_____
_____

Things I'm Grateful For Today:

1. _____
2. _____
3. _____

Someone I'm Thankful For Today:

_____
because _____
_____

Notes:

Gratitude Journal

Date: Day:

Best Moment Today:

_____
_____
_____
_____

Things I'm Grateful For Today:

1. _____
2. _____
3. _____

Someone I'm Thankful For Today:

_____

because _____

_____

Notes:

Gratitude Journal

Date: Day:

Best Moment Today:

_____
_____
_____
_____

Things I'm Grateful For Today:

1. _____
2. _____
3. _____

Someone I'm Thankful For Today:

_____
because _____
_____

Notes:

Gratitude Journal

Date: _____ Day: _____

Best Moment Today:

_____
_____
_____
_____

Things I'm Grateful For Today:

1. _____
2. _____
3. _____

Someone I'm Thankful For Today:

_____

because _____

_____

Notes:

Gratitude Journal

Date: Day:

Best Moment Today:

_____
_____
_____
_____

Things I'm Grateful For Today:

1. _____
2. _____
3. _____

Someone I'm Thankful For Today:

_____

because _____

_____

Notes:

Gratitude Journal

Date: _____   Day: _____

Best Moment Today:

_____
_____
_____
_____

Things I'm Grateful For Today:

1. _____
2. _____
3. _____

Someone I'm Thankful For Today:

_____

because _____

_____

Notes:

Gratitude Journal

Date: Day:

Best Moment Today:

_____
_____
_____
_____

Things I'm Grateful For Today:

1. _____
2. _____
3. _____

Someone I'm Thankful For Today:

_____
because _____
_____

Notes:

Gratitude Journal

Date: _____ Day: _____

Best Moment Today:

_____
_____
_____
_____

Things I'm Grateful For Today:

1. _____
2. _____
3. _____

Someone I'm Thankful For Today:

_____

because _____

_____

Notes:

Gratitude Journal

Date: _____   Day: _____

Best Moment Today:
_____
_____
_____
_____

Things I'm Grateful For Today:
1. _____
2. _____
3. _____

Someone I'm Thankful For Today:
_____
because _____
_____

Notes:

Gratitude Journal

Date: Day:

Best Moment Today:

_____
_____
_____
_____

Things I'm Grateful For Today:

1. _____
2. _____
3. _____

Someone I'm Thankful For Today:

_____

because _____

_____

Notes:

Gratitude Journal

Date: Day:

Best Moment Today:

_____
_____
_____
_____

Things I'm Grateful For Today:

1. _____
2. _____
3. _____

Someone I'm Thankful For Today:

_____
because _____
_____

Notes:

www.ingramcontent.com/pod-product-compliance
Lightning Source LLC
Chambersburg PA
CBHW071403080526
44587CB00017B/3172

www.ingramcontent.com/pod-product-compliance
Lightning Source LLC
Chambersburg PA
CBHW071349080526
44587CB00017B/3025